BEI GRIN MACHT SICH IHR WISSEN BEZAHLT

- Wir veröffentlichen Ihre Hausarbeit, Bachelor- und Masterarbeit

- Ihr eigenes eBook und Buch - weltweit in allen wichtigen Shops

- Verdienen Sie an jedem Verkauf

Jetzt bei www.GRIN.com hochladen und kostenlos publizieren

Bibliografische Information der Deutschen Nationalbibliothek:

Die Deutsche Bibliothek verzeichnet diese Publikation in der Deutschen Nationalbibliografie; detaillierte bibliografische Daten sind im Internet über http://dnb.d-nb.de/ abrufbar.

Dieses Werk sowie alle darin enthaltenen einzelnen Beiträge und Abbildungen sind urheberrechtlich geschützt. Jede Verwertung, die nicht ausdrücklich vom Urheberrechtsschutz zugelassen ist, bedarf der vorherigen Zustimmung des Verlages. Das gilt insbesondere für Vervielfältigungen, Bearbeitungen, Übersetzungen, Mikroverfilmungen, Auswertungen durch Datenbanken und für die Einspeicherung und Verarbeitung in elektronische Systeme. Alle Rechte, auch die des auszugsweisen Nachdrucks, der fotomechanischen Wiedergabe (einschließlich Mikrokopie) sowie der Auswertung durch Datenbanken oder ähnliche Einrichtungen, vorbehalten.

Impressum:

Copyright © 2017 GRIN Verlag, Open Publishing GmbH
Druck und Bindung: Books on Demand GmbH, Norderstedt Germany
ISBN: 9783668447820

Dieses Buch bei GRIN:

http://www.grin.com/de/e-book/365391/das-genus-des-substantivs-im-deutschen-albanischen-und-franzoesischen

Artenisa Allka

Das Genus des Substantivs im Deutschen, Albanischen und Französischen. Gemeinsamkeiten und Unterschiede

GRIN Verlag

GRIN - Your knowledge has value

Der GRIN Verlag publiziert seit 1998 wissenschaftliche Arbeiten von Studenten, Hochschullehrern und anderen Akademikern als eBook und gedrucktes Buch. Die Verlagswebsite www.grin.com ist die ideale Plattform zur Veröffentlichung von Hausarbeiten, Abschlussarbeiten, wissenschaftlichen Aufsätzen, Dissertationen und Fachbüchern.

Besuchen Sie uns im Internet:

http://www.grin.com/

http://www.facebook.com/grincom

http://www.twitter.com/grin_com

Universität Tirana

Fremdsprache Fakultät

Deutsche Abteilung

Fach: Vergleichende Sprachwissenschaft

Hausarbeit

Thema: Das Genus des Substantivs im Deutschen, Albanischen und Französischen.

Vorbereitet von:Artenisa Allka

Gruppe:Lehramt III-B April,Tirana 2017

Tiranë, 27 April 2017

Inhalt

1 Einführung. 2
2 Was ist das Genus? 2
3 Was ist ein Substantiv? 3
4 Das Genus des Substantivs im Deutschen 3
5 Das Genus im Albanischen 5
6 Das Genus im Französischen 6
7 Schlussfolgerungen 10
8 Bibliographie. 11

1 Einführung.

In dieser Aufgabe habe ich über Genus des Substantiv im Deutsche Sprache, Albanische und Französische geschreiben. Das Genus des Substantiv –Le Genere des noms,-Gjinia e emrit.Ich habe Vergleiche und gemeinsame sprachliche Punkt in Albanisch ,Deutsch und Französische gefunden.Für diese Aufgabe habe ich so viele Literaturen und Buchen studiert..Ich habe wie die Genus des Substanitv in diesem Sprache ist. Wie vielen Genus hat Substantiv im Deutsche ,Albanische und Französische.Wie sind die Substantive Genera in Albanische ,Deutsch , und Französische geteilt? Das Geschlecht kann man am bestimmten oder unbestimmten Artikel erkennen. Werden Verschiedene Vergleiche von Wörten machen und Beispele.Im heutige Tage sind Sprachen mit drei Genera , mit zwei Genera und mit ohne Genera . Mit dem Begriff des Genus wird das grammatische Geschlecht bezeichnet. In Sprachen mit Genussystem besitzt jedes Substantiv ein bestimmtes Genus. Im Deutschen wird das Genus des Substantivs dreifach unterschieden: Maskulinum, Femininum und Neutrum. Dabei ist das Genus am Substantiv selbst nicht (immer) direkt erkennbar (anders als beispielsweise in den romanischen Sprachen). Es gibt verschiedene Genussysteme. Das Deutsche unterscheidet wie andere indoeuropäische Sprachen zwischen drei Genera, die romanischen Sprachen unterscheiden zwischen zwei Genera und es gibt Sprachen, die gar kein Genussystem aufweisen . Das Fehlen eines Genussystems bedeutet aber nicht, dass diese Sprachen das natürliche Geschlecht nicht versprachlichen können. Die Unterscheidung zwischen Genus (grammatischem Geschlecht) und Sexus (natürlichem Geschlecht) ist daher entscheidend. In der Regel besteht eine hohe Kongruenz zwischen dem natürlichen und grammatischen Geschlecht. Dies ist auch im Deutschen so, allerdings kann das grammatische Geschlecht auch vom natürlichen .Ich bin im Deutsche Morphology ,Schritte International Methode ,"Gramatika e gjuhës Shqipe 1","Alterego"Französische Methode und" Grammatik Deutsch leicht gemacht" geerdet. In dem Welt sind Sprache mit ohne Genera ,Sprache mit zwei Genera ,und sprachen mit drei Genera .Deutsche Sprache gehört zur Indoeurpaischen Sprachfamile , und ist genauer eine westgermanische Sprache. Albanisch ist eine Balkansprachbund und ist eine alte Sprache .Französisch gehört zur romanische Sprachen Sprachfamilien. In diese Aufgabe habe ich so viele Regel über das Genus im Französische Sprache ,Albanische Sprache und im Deutsche Sprache gefunden. Diesem Sprachen haben so viele Gemeinsamkeiten und normalwise Unterschiede.

2 Was ist das Genus?

[1]Mit dem Begriff des Genus wird das grammatische Geschlecht bezeichnet. In Sprachen mit Genussystem besitzt jedes Substantiv ein bestimmtes Genus. Im Deutschen wird das Genus des Substantivs dreifach unterschieden: Maskulinum, Femininum und Neutrum. Dabei ist das Genus am Substantiv selbst nicht (immer) direkt erkennbar (anders als beispielsweise in den romanischen Sprachen). Es gibt verschiedene Genussysteme. Das Fehlen eines Genussystems bedeutet aber nicht, dass diese Sprachen das natürliche Geschlecht nicht versprachlichen können. Die Unterscheidung zwischen Genus (grammatischem Geschlecht) und Sexus (natürlichem Geschlecht) ist daher entscheidend. In der Regel besteht eine hohe Kongruenz

---

[1] https://www.uni-due.de/imperia/md/content/prodaz/das_genus_in_verschiedenen_sprachen_alphabetisch_geordnet.pdf,13.04.2017

zwischen dem natürlichen und grammatischen Geschlecht. Dies ist auch im Deutschen so, allerdings kann das grammatische Geschlecht auch vom natürlichen abweichen (z. B. Deutsch -das Mädchen, das Weib). Die Genuszuweisung ist aber auch zwischen verschiedenen Sprachen unterschiedlich (Deutsch: der (m) Mond, Spanisch: la (f) luna, Griechisch: to(n) feggari). Daher ist es gerade für mehrsprachige Schülerinnen und Schüler wichtig, dass diese Unterschiede im Unterricht thematisiert werden und die Lehrkraft eine Vorstellung vom Genussystem der Herkunftssprache hat.

3 Was ist ein Substantiv?

Als Substantive werden Lebewesen, Dinge oder auch Pflanzen bezeichnet. Ein Substantiv kann Gegenständliches und Nichtgegenständliches bezeichnen. Diese Wortart wird großgeschrieben.

Beispiele für Substantive:

Lebewesen: Opa, Oma, Elefant, Vogel

Dinge: Bus, Statue, Stuhl, Badewanne, Papier

Pflanzen: Efeu, Birkenfeige

[2]Ein weiterer interessanter Begriff in diesem Zusammenhang wäre der "Sammelname". Man fasst Substantive dabei zusammen. Kleidung wäre ein solcher Sammelname, denn unter Kleidung versteht man Hosen, Oberteile, Jacken etc. Kleidung wäre hier also ein Oberbegriff. Einige weitere Beispiele für Sammelnamen wären Süßigkeiten, Werkzeuge, Essen etc.

4 Das Genus des Substantivs im Deutschen

In der Welt gibt es Sprachen ohne Genera, Sprachen mit zwei Genera, und Sprachen mit drei Genera. Deutsch ist eine Sprache mir drei Genera. In der deutschen Sprache teilt man die Substantive im Drei Genera :Maskulin (der) ,Neutrum (das) ,Feminin (die). Z.B :die Frau (natürliches Geschlecht = grammatisches Geschlecht) , der Mann (natürliches Geschlecht = grammatisches Geschlecht) ,das Mädchen (natürliches Geschlecht ≠ grammatisches Geschlecht. . Im Deutschen können wir oft nicht am Nomen selbst erkennen, ob es maskulin, feminin oder neutral ist. Am besten ist es deshalb, die deutschen Nomen immer mit ihrem Artikel zu lernen..Es gibt allerdings einige Merkmale, an denen wir das Genus erkennen können. Diese Gruppen sind im Folgenden aufgelistet:

---

[2] Grammatik Deutsch ,Rheinhold Zellner,seite 43.

[3]Die folgenden Wörter sind der-Wörter:

Namen von männlichen Personen und Berufsbezeichnungen: Vater, Pilot, Arzt.

Jahreszeiten: Frühling, Sommer, Herbst, Winter.

.NamenvonMonaten: Januar, Juli, Dezember.

Wochentage: Montag, Dienstag, Sonntag.

.Namen von Windrichtungen: Nordwest(en), Süd(en);e.

Niederschläge: Regen, Schnee, Hagel;

Automarken: Audi, BMW, Mercedes;

Zügen: IC;h.von Verben abgeleitete Substantive ohne Endung: Gang, Fang

. Namen von alkoholischen Getränke: Cognac, Wein, Whiskey; Ausnahme: das Bier;

.Namen von Flüssen außerhalb Europas: Amazonas, Mississippi;

Namen von Bergen: Mont Blanc, Kilimanjaro; Ausnahme: die Zugspitze.

Die folgenden Wörter sind die-Wörter:

Wörter für weibliche Personen und Berufsbezeichnungen: Mutter, Friseuse, Ärztin

;Namen von Motorradmarken: Harley Davidson, BMW (gilt nur für Motorräder dieser Marke), Yamaha;

Namen von Flugzeugen und Schiffen: Boeing 747, Titanic;

Kardinalzahlen: Eins, Drei;

Namen von Pflanzen und Bäumen: Birke, Chrysantheme, Rose;
Ausnahmen: der Ahorn, das Veilchen

[4]Die Wörter in folgenden Kategorien sind das-Wörter:

Fast alle 112 bekannten chemischen Elemente: Aluminium, Kupfer, Uran;
6 Ausnahmen: der Kohlenstoff, der Sauerstoff, der Stickstoff, der Wasserstoff, der Phosphor, der Schwefel

;Namen von Metallen: Blei, Messing, Zinn; Ausnahmen: die Bronze,

---

[3] Grammatik Deutsch ,Rheinhold Zellner,seite 62.
[4] https://www.uni-due.de/imperia/md/content/prodaz/das_genus_in_verschiedenen_sprachen_alphabetisch_geordnet.pdf 14.04.2017

der Stahl;Bruchzahlen: *Drittel* (⅓), *Viertel* (¼); Ausnahme: die Hälfte (½);

Ist der Artikel für ein Substantiv nicht bekannt ,so gelten mit wenigen Ausnahmen folgende wichtigste Regeln :

[5]Maskulin sind Substantive mit den Endungen –ig,-ich ,-ling ,-s.z.B König , Pfirsich ,Zwilling ,Gips.Maskulin Substantive sind auch Wörter aus dem Griechisch-Lateinischen mit den Endungen –ant ,-ast,-ent,-ist,-ismus,-or,-us.z.B Garant , Gymnasiast,Student ,Optimist ,Transformator ,Realismus.

[6]Feminin sind Substantive mit den Endungen –ei,-in,-heit,-keit,-schaft,-ung.z.B Schwärmerei ,Nachbarin , Dummheit ,Kleinigkeit,Errungenschaft ,Erläuterung.Wörter aus dem Griechisch –Lateinischen mit den Endungen –anz,-enz,-ie ,-ik,-ion ,-tät,-sis,-ur.z.B Toleranz ,Präsenz ,Materie , Mathematik, Nation , Normalität, Basis ,Kultur.

[7]Neutral sind Substantive mit den Endungen –chen ,-lein,-tel,-tum. Z.B: Häschen, Kindlein, Hundertstel, Altertum.Wörter aus dem Griechisch –Lateinischen mit den Endungen-em, -in, -um ,-ma, -ment: System ,Benzin ,Komma, Firmament.

5 Das Genus im Albanischen

Substantiv
Das Substantiv wird im Albanischen im wesentlichen durch vier Kategorien charachterisiert : Genus, Numerus, Kasus und Bestimmtheit.

Genus
[8]Die Substantive sind in ihrer überwiegenden Mehrheit Maskulina oder Feminina. Die Zahl der nichtabgeleiteten Substantive, die in der Gegenwartssprache noch als Neutra verwendet werden, ist verschwindend gering. Es handelt sich um etwa 15, von denen aber keines mehr ausschließlich als Neutrum vorkommt. In den meisten Fällen haben die ursprünglichen Neutra die grammatischen Kennzeichen von Maskulina erhalten.

Das Genus Neutrum tritt in der modernen Literatursprache vor allem noch bei substantivierten Adjektiven oder Partizipien auf. Im Plural gibt es keine spezifischen Zeichen für das Genus Neutrum. Sofern die Neutra pluralfähig sind (in der Regel handelt es sich um den Sortenplural), werden sie zu Feminina.

Im Albanische Sprache ist Genus eine wichtige Kategorie für Substantive im Albanische Sprache. ImAlbanischen gibt es wie im Deutschen drei grammatische Geschlechter: Femininum (weiblich), Maskulinum (männlich) und Neutrum (sächlich), wobei das Neutrum

---

[5] Grammatik Deutsch,Rheinhold Zellner ,seite 8,Regel 2a,2b
[6] Grammatik Deutsch ,Rheinhold Zellner ,seite 9,Regel 3a,3b
[7] Grammatik Deutsch ,Rheinhold Zellner ,seite 9,Regel 4a,4b
[8] Gramatika e gjuhes shqipe 1,Tirane,Akademia e Shkencave ,2002,seite 87

veraltet ist und nicht mehr sehr häufig vorkommt. Feminine Substantive enden für gewöhnlich auf einen Vokal, maskuline auf einen Konsonanten.

[9]Das grammatische Geschlecht der Substantive.

Feminin – vajzë/-a, lule/-ja:Maskulin- djalë/-I,qiell/-I ujk-u: Neutrum –djathët,

Wie im Albanische Deutschen wird bei den Substantive des Genus unterschieden wobei die moisten Substantive zu dem Feminima oder Maskulina gehören. Die Klasse der Normen, die inherent Neutra sind, ist sehr klein. Zwei Beispeiele sind Kryet-Kopf, ballë-Stirn, wobei zu letzerem bereits eine masculine Form besteht. Zusätzliche Neutra enstehen ,wenn von einem Verb oder einem Adjektiv ein Substantiv abgeleitet wird. Z.B të folurit-das Sprechen,të ecurit- Das Gehen ,të ftohtët-die Kälte , të verdhët-die Gelben. Anders als im Deutschen Z.B das Mädchen, können sich Neutra im Albanischem niemals auf belebte Objekte beziehen. Albanische Substantive werden ausserdem hinsichtlich Kasus und Numerus flektiert.

GRAMMATISCHE GESCHLECHT DER SUBSTANTIVE

feminin	vajzë/-a	lule/-ja	kokë/-a	mace/-ja
das Mädchen	die Blume	der Kopf		die Katze

maskulin	djalë/-i	kalë/-i	malë/-i	qiell/-i
der Junge	das Pferd	der Berg		der Himmel

Neutrum	djathët
der Käse	

6 Das Genus im Französischen

Das Genus gibt an, welches Geschlecht ein Nomen hat. Im Französischen gibt es nur männliche und weibliche Nomen, im Wörterbuch werden dafür die Abkürzungen m *(maskulin = männlich)* und f *(feminin = weiblich)* verwendet. In den meisten Fällen erkennt man an der Endung, ob ein Nomen männlich oder weiblich ist.

---

[9] Gramatika e gjuhes shqipe 1,Tirane,Akademia e Shkencave ,2002,seite 88,89

[10]Maskuline Nomen

-é le résumé, le pré

-eur le vendeur, le danseur

[11]Feminine Nomen

-esse la maîtresse

-euse la vendeuse, la danseuse

-ienne la musicienne, la chienne

-(i)ère la bouchère, l'ouvrière

-onne la baronne, la patronne

-trice la traductrice

-ade la pommade, la façade

Ausnahme: le stade

-ance/-ence l'ambulance, l'essence

Ausnahme: le silence

-ée l'arrivée, l'idée

Ausnahmen: le musée, le lycée, le trophée, l'apogée, le mausolée

-elle la demoiselle

-ette la poussette, la cigarette

-ie la géologie, la librairie

Ausnahme: l'incendie

-ine la cuisine, la cabine

-ise la surprise, la devise

-aille la trouvaille

-t(i)é la pitié, la confidentialité

---

[10]. https://www.abiweb.de/franzoesisch-grammatik-crashkurs/das-nomen-le-nom/das-geschlecht-des-nomens-le-genre-des-noms.html 14.04.2017

[11] https://www.abiweb.de/franzoesisch-grammatik-crashkurs/das-nomen-le-nom/das-geschlecht-des-nomens-le-genre-des-noms.html 14.04.2017

Ausnahmen: le comité, le côté, l'été, le pâté

-ure   la confiture, la culture

Ausnahme: le murmure

Kontinente   l'Europe, l'Asie

Wissenschaften   la médecine, la philosophie, la chimie

[12]Personen/Tiere

Bei Personen und Tieren entspricht der Artikel in der Regel dem natürlichen Geschlecht.

Maskulin   Feminin

Personen   le garçon   la fille

Tiere   le coq   la poule

Es gibt auch Tiere, bei denen es nur eine allgemeine Bezeichnung gibt. Das Geschlecht wird durch das Anhängen von *mâle* (männlich) und *femelle* (weiblich) verdeutlicht.

Berufe

Maskulin   Feminin   Beispiel

-ien   -ienne   mécanicien, mécanicienne

-eur   -euse   chauffeur, chauffeuse

-teur   -trice   traducteur, traductrice

-(i)er   -(i)ère   boulanger, boulangère

ouvrier, ouvrière

-on   -onne   patron, patronne

[13]Bei vielen Berufen lassen sich durch das Anhängen der jeweiligen Endung problemlos feminine und maskuline Form bilden.

Es gibt Berufe, die in der maskulinen und femininen Form gleich sind:

Berufsbezeichnungen auf *e*, un/une journaliste, un/une interprète

ursprünglich typische Männerberufe, un/une professeur, un/une médecin

---

[12] https://www.abiweb.de/franzoesisch-grammatik-crashkurs/das-nomen-le-nom/das-geschlecht-des-nomens-le-genre-des-noms.html, 17.04.2017
[13] Alterego,3, 2006 seite 45,47

[14]Aus vielen „typischen Männerberufen" lassen sich weibliche Formen bilden (außer bei den Endungen e oder eur). Diese sind aber noch selten und nicht obligatorisch.un magistrat – une magistrate/une magistrat
Für einige Berufe ist nur die maskuline Bezeichnung einschließlich des Artikels üblich.un plombierFür einige ursprünglich weibliche Berufe gibt es nur die feminine Form oder eine maskuline Entsprechung, die nicht direkt ableitbar ist.une hôtesse de l'air (männliche Form: un steward)Manche Nomen gibt es nur in der maskulinen Form, weil die feminine etwas ganz anderes bedeutet:le médecin / la médecine

Länder- und Regionennamen

[15]Feminin sind alle Länder und Regionen, die auf -e enden.l'Allemagne,la Chine,la Provence.Maskulin sind alle Länder und Regionen, die auf einem anderen Vokal oder auf einem Konsonanten enden.le Canada,le Pérou,le Maroc Man kann das Geschlecht aber auch anhand seiner Bedeutung erkennen.

[16]Meistens maskulin sind Wörter, die Länder- und Flussnamen (enden auf einen Konsonant oder einem anderen Vokal als -e) bezeichnen. Des Weiteren sind maskulin: Namen von Bäumen und Sprachen, von Metallen und chemischen Elementen, Eigennamen von Flugzeugen, Schiffen oder Zügen, Jahreszeiten, Monate, Wochentage und Himmelsrichtungen.

[17]Feminin hingegen sind Länder- und Flussnamen, die auf -e enden. Namen von Früchten, die auf -e enden, oder Automarken, Namen der Wissenschaften und der meisten kirchlichen Feste.

---

[14] https://www.abiweb.de/franzoesisch-grammatik-crashkurs/das-nomen-le-nom/das-geschlecht-des-nomens-le-genre-des-noms.html 14.04.2017
[15] https://www.abiweb.de/franzoesisch-grammatik-crashkurs/das-nomen-le-nom/das-geschlecht-des-nomens-le-genre-des-noms.html 14.04.2017,seite 56
[16] https://www.abiweb.de/franzoesisch-grammatik-crashkurs/das-nomen-le-nom/das-geschlecht-des-nomens-le-genre-des-noms.html 14.04.2017,seite 57
[17] https://www.abiweb.de/franzoesisch-grammatik-crashkurs/das-nomen-le-nom/das-geschlecht-des-nomens-le-genre-des-noms.html 14.04.2017,seite 58

7 Schlussfolgerungen

In der Welt gibt es Sprachen ohne Genera ,Sprache mit zwei Genera ,und sprachen mit drei Genera.Deutsch ist eine Sprache mir drei Genera und Albanisch auch. Hier ist die erste Gemeinsamkeit zwischen diesem sprachen .Französische Sprache ist eine Sprache mit zwei Genera.So hier wir sehen eine Unterschied von Französiche Sprache zwischen Albanische und Deutsche Sprachen im Genus.So Albanische Sprache und Deutsche Sprache haben drei Genera und Französiche nur zwei Genera.So die drei Sprachen haben Genus.Im deutschen Sprache teilt man die Substantive im Drei Genera :Maskulin(der) ,Neutrum(das) ,Feminin(die). Die Im Französische Sprache teilt man die Substantive in zwei Genera :maskulin-masculin le,Feminim-féminin la ,pluriel-les.und im Albanische drei Genera,Femërore ,mashkullore, asnjëanëse.Wir sehen hier eine gemeinsam Punkt zwischen Deutsche Sprache und Frazösische Sprache ,dass Genus des Substantiv ist am Artikel.Aber die Unterschied ist dass Deutsche Sprache hat Neutrum Genera aber Französische Sprache existierst es nicht . Besonderheiten: bei Personenbezeichnungen steht die Kategorisierung nach Sexus im Vordergrund, das Französische hat relativ viele sexusneutrale Sub- stantive, kein Neutrum.Ein andere Gemeinsamkeit ist dass wir verstehen das Genus des Substantiv im Albanische Sprache ,Deutsche Sprache und Französische Sprache von Endungen,Z.B im Deutsche Sprache heit –keit-ig-chen ,im Albanische Sprache a –ja-u-i-ët,im Französische Sprache e-ien-eur-ie-ine-ure.Im Französische Sprache und Deutsche Sprache verstehen wir das Genus von dem Artikeln als die ,der, das und le,la.Ein andere Gemeinsamkeit ist das Namen von Jahrzeiten,der Januar,le Janvier,Namen von Wochentage der Montag,le Lundi , Namen von mänlichen Personen und Berufsbezeichnungen Vater ,pilot,Le pere,Namen von Flüssen der Amazon, le Amazon.Manschmal Feminin Substantiv im Französische Sprache und Albanische Sprache sind mit Endungen –e. Diesem Sprachen sind nich Tochter Sprachen aber sie haben vergleich nit eine andere.Diesem drei Sprachen haben Natüaliche Geschlecht und Grammatische Geschlecht.Unterschieden von diesem Sprache sind :wir verstehen das Genus des Substantiv im Albanischen nur von Endungen nicht von Artikel als im Französchen und im Deutschen.Französische Sprache hat nicht das Neutral Genera als Albanischen und Deutschen .Neutral Genera –Gjinia asnjëanëse im Albanischen ist nicht sehr bekannt als im Deutschen Sprache.Wir verwendet nicht im Mundliche Sprache oder Sprechen.Neutral Genera oder Gjinia asnjëanëse ist nur in Literarischen Texte als Gedichte,Romane ,Prosa als ein Stilmittel für Sprache.Gjinia asnjëanëse ist sehr alte und hat nicht so viele Wortschatz als Neutral Genera im Deutschen Sprache.Im Diese Hausarbeit habe ich drei Fragen gefunden.Diese sind drei öffnete Fragen:Wird es dass Neutral Genera-gjinia asnjëanëse im Albanischen exisitiert mehr sein?Warum Deutsche Sprache und Französische Sprache haben so viele vergleiche mit eine andere?Welche Faktoren haben Einfluss?

8 Biblographie

1. https://www.uni-due.de/imperia/md/content/prodaz/das_genus_in_verschiedenen_sprachen_alphabetisch_geordnet.pdf,13.04.2017

2, Grammatik Deutsch ,Rheinhold Zellner,seite 43.

3. Grammatik Deutsch ,Rheinhold Zellner,seite 62.

4.https://www.uni-due.de/i https://www.abiweb.de/franzoesisch-grammatik-crashkurs/das-nomen-le-nom/das-geschlecht-des-nomens-le-genre-des-noms.html 14.04.2017mperia/md/content/prodaz/das_genus_in_verschiedenen_sprachen_alphabetisch_g eordnet.pdf14.04.2017

5. Grammatik Deutsch,Rheinhold Zellner ,seite 8,Regel 2a,2b

6. Grammatik Deutsch ,Rheinhold Zellner ,seite 9,Regel 3a,3b

7. Grammatik Deutsch ,Rheinhold Zellner ,seite 9,Regel 4a,4b

8. Gramatika e gjuhes shqipe 1,Tirane,Akademia e Shkencave ,2002,seite 87

9. Gramatika e gjuhes shqipe 1,Tirane,Akademia e Shkencave ,2002,seite 88,89

10. https://www.abiweb.de/franzoesisch-grammatik-crashkurs/das-nomen-le-nom/das-geschlecht-des-nomens-le-genre-des-noms.html 14.04.2017

11. Alterego,3, 2006 seite 45,47

BEI GRIN MACHT SICH IHR WISSEN BEZAHLT

- Wir veröffentlichen Ihre Hausarbeit, Bachelor- und Masterarbeit

- Ihr eigenes eBook und Buch - weltweit in allen wichtigen Shops

- Verdienen Sie an jedem Verkauf

Jetzt bei www.GRIN.com hochladen und kostenlos publizieren